PANÉGYRIQUE

DU BIENHEUREUX

JEAN-BAPTISTE DE LA SALLE

FONDATEUR DE L'INSTITUT

DES FRÈRES DES ÉCOLES CHRÉTIENNES

PRONONCÉ A PARIS, DANS LA CHAPELLE DE LA MAISON-MÈRE

Le 4 Mai 1892

PAR

M. L'ABBÉ A. MOUCHARD

Chanoine honoraire
Professeur de Rhétorique au Petit Séminaire de La Chapelle Saint-Mesmin.

ORLÉANS

H. HERLUISON, LIBRAIRE-ÉDITEUR

17, RUE JEANNE-D'ARC, 17

—

1892

PANÉGYRIQUE

DU BIENHEUREUX

JEAN-BAPTISTE DE LA SALLE

FONDATEUR DE L'INSTITUT

DES FRÈRES DES ÉCOLES CHRÉTIENNES

PRONONCÉ A PARIS, DANS LA CHAPELLE DE LA MAISON-MÈRE

Le 4 Mai 1892

PAR

M. L'ABBÉ A. MOUCHARD

Chanoine honoraire
Professeur de Rhétorique au Petit Séminaire de La Chapelle-Saint-Mesmin.

ORLÉANS
H. HERLUISON, LIBRAIRE-ÉDITEUR
17, RUE JEANNE-D'ARC, 17

1892

PANÉGYRIQUE

DU BIENHEUREUX

JEAN-BAPTISTE DE LA SALLE

> *Illi viri misericordiæ sunt quorum pietates non defuerunt; cum semine eorum permanent bona.*
>
> « Voilà les hommes dévoués dont la charité ne s'épuise pas ; leur postérité perpétue leurs bienfaits. »
>
> (*Eccl.*, XLIV, 10.)

Mes Frères,

Dieu, qui sait ce qu'est la vraie gloire et par quels moyens on peut la conquérir, a daigné nous l'apprendre un jour par l'entremise d'un écrivain dont il guidait la plume. L'auteur sacré que je viens de citer, ayant à louer les grands hommes d'Israël, les oppose à ces héros que les peuples infidèles ont admirés pendant leur vie, mais dont le souvenir n'a pas survécu à la mort, *sunt quorum non est memoria*; on dirait qu'ils n'ont jamais été, *perierunt quasi qui non fuerint, nati sunt quasi non nati*; et leur postérité a disparu avec eux dans l'abime de l'oubli, *et filii ipsorum cum ipsis*. Il en va autrement de ces hommes riches en vertus, passionnés pour le bien, qui ont craint le Seigneur et sagement gouverné son peuple ; leur gloire est impérissable et leurs descendants la rajeunissent sans cesse. Imitateurs des vertus des pères, les fils perpétuent leurs bienfaits, *cum semine eorum permanent bona ;* c'est une famille sainte et fidèle à l'alliance divine, *hæreditas sancta nepotes corum et in testamentis stetit semen eorum ;* la sainteté des aïeux assure à leur postérité une éternelle durée, *filii eorum propter illos usque in æternum manent ;* cette race est immortelle comme sa gloire, *semen eorum et gloria eorum non derelinquetur.*

J'ai cru lire, mes Frères, dans ces paroles inspirées, l'histoire du Bienheureux de la Salle et la vôtre. De son vivant, personne n'eût osé les prononcer en sa présence ; on eût craint de révolter son humilité. Mais aujourd'hui que deux siècles ont immortalisé son nom et consolidé son œuvre, après que son éloge a retenti d'un bout du monde à l'autre, et quand l'Église lui dresse des autels, que pourrait-on dire qui soit égal à sa gloire ? Pour vous, mes Frères, vous ne pouvez faire qu'elle ne rejaillisse sur vous, et, puisque vous continuez son dévoûment d'une manière si digne de lui, il est juste que vous entendiez aussi l'expression de la reconnaissance publique. Qui ne sait, d'ailleurs, que vous en faites remonter tout l'honneur à votre Père, achevant ainsi le portrait de cette race sainte que je peignais en commençant : *Gloria filiorum, gloria patris eorum ?*

Aussi bien, ce n'est point par un chemin fleuri qu'il est arrivé à cette gloire, dans laquelle l'admiration du monde chrétien le salue maintenant, et, si vous voulez l'y rejoindre, il vous faut marcher sur ses traces, dans la voie rude et peu battue du sacrifice. Il n'est pas à craindre qu'on nous accuse, vous de vanité, moi de flatterie, car la gloire dont il s'agit ici coûte cher à ceux qui l'ambitionnent, et il est plus facile de l'envier ou de la célébrer que de la conquérir. J'essaierai de rappeler de quel prix l'a payée votre Fondateur et votre modèle, persuadé que je le louerais comme il souhaite d'être loué si j'animais ses enfants à reproduire plus parfaitement encore ses vertus.

Je dirai donc quelle a été la grande pensée de sa vie; par quelle continuité de sacrifices il l'a réalisée; à quelle source il a puisé les lumières de son génie et l'héroisme de son dévoûment. Ainsi le Bienheureux de la Salle nous apparaîtra, je l'espère, tel qu'il est, un grand homme dans toute la force du mot, c'est-à-dire un grand esprit, un grand cœur, un grand saint. Puissé-je faire passer dans ma parole un peu de l'admiration qu'ont excitée en moi la lecture et la méditation de sa belle vie !

I

Parmi les mensonges que les ennemis de l'Église s'acharnent de nos jours à populariser, il n'en est peut-être pas de plus éhonté que celui-ci : « L'enseignement primaire en France date de la Révolution de 1789. Jusque-là, rois et nobles, moines et prêtres, tous les dominateurs de l'ancien régime ont ourdi une vaste conspiration pour maintenir les classes populaires dans une ignorance qui était la meilleure garantie de leur servitude. » Voilà le thème que développent à l'envi tant de publicistes et d'orateurs qui n'hésistent pas à sacrifier la vérité à la passion de déclamer contre l'Église. Or, une telle prétention est insoutenable ; elle accuse autant d'ingratitude que de mauvaise foi. Non, l'enseignement populaire n'est pas contemporain de la Déclaration des droits de l'homme, il est fils de l'Évangile ; il n'est pas moderne, il a juste dix-huit siècles, l'âge même de l'Église de Jésus-Christ. La preuve de cette vérité a été faite vingt fois ; de nos jours surtout, une érudition patiente l'a établie sur des documents d'une invincible autorité. Si nos adversaires prenaient seulement la peine de les consulter, ils comprendraient sans doute qu'il est peu généreux de répéter toujours la même calomnie. Mais, puisqu'ils n'en font rien, sachons, mes Frères, nous rendre justice à nous-mêmes et, tout en reconnaissant que depuis un siècle l'État a fait de louables efforts pour apprendre à lire au peuple, proclamons bien haut que l'Église l'avait depuis longtemps devancé dans cette voie et que c'est elle qui a créé l'école.

Comment s'en étonner ? Ne continue-t-elle pas la mission du Dieu qui a dit ces deux grandes paroles : *Laissez venir à moi les petits. Je suis venu évangéliser les pauvres ?* Aussi ne cherchons pas avant elle dans l'histoire l'école populaire. Ni les brahmanes de l'Inde, ni les mages de l'Orient, ni les philosophes du Portique et du Lycée, ni les maîtres des académies romaines, ne l'ont ouverte ; ils ont parlé, discouru, discuté, enseigné pour les privilégiés de la fortune, de la naissance ou du talent ; les ignorants, les petits, les pauvres, le peuple enfin, c'est-à-dire l'humanité en masse, n'a jamais franchi le seuil de ces écoles d'initiés ; « jamais de la table de ces riches de l'intelligence il n'est tombé une miette de pain pour rassasier les pauvres d'esprit. » Mais quel changement dès que l'Église apparaît dans le monde ! « Mettre en pratique la maxime de l'instruction pour tous, s'incliner vers les humbles de la terre, pour les faire participer au bienfait de l'éducation chrétienne, et descendre jusque dans les dernières couches sociales, afin de n'exclure du patrimoine commun de la vérité aucun de ces déshérités de la science jusqu'alors réputés incapables de toute culture intellectuelle et morale, » voilà ce que fit l'Église, et c'était une chose si nouvelle que les libres-penseurs des premiers siècles le lui reprochaient comme une honte. « Quand on cherche votre chaire quelque part, disait Celse aux chrétiens de son temps, on est toujours sûr de la trouver au milieu d'une troupe de cordonniers, de cardeurs de laine et de foulons. » Ne croirait-on pas entendre Voltaire lancer ses sarcasmes contre les *ignorantins* qui se sont mis en tête d'instruire cette *canaille à qui il ne faut, comme au bœuf, qu'un aiguillon, un joug et du foin ?* De pareilles grossièretés, mes Frères, sont le plus beau titre de gloire des vrais amis du peuple. Origène les revendiquait avec fierté à l'honneur de l'Église ; elles excitaient Clément d'Alexandrie à écrire son *Traité du Pédagogue* et saint Augustin à composer son *Catéchisme à l'usage des simples.* Nous pouvons, à l'exemple de ces grands hommes, dédaigner les railleries démodées des philosophes d'hier, qui n'ont rien inventé, pas même l'injure.

L'Église créa donc l'école populaire. Lorsque les invasions barbares eurent englouti le monde antique, elle resta seule debout sur les eaux de ce nouveau déluge « comme une arche sainte recueillant dans ses flancs, pour le transmettre aux générations futures, le dépôt de la justice et de la vérité ». Une fois les nations nouvelles constituées, elle les baptise. Mais les faire entrer par un sacrement dans la famille chrétienne ne suffit pas. Il faut les instruire, et comment initier ces rudes races aux enseignements du Christ sinon par l'école ? Aussi partout je la vois s'élever à l'ombre des cathédrales, des presbytères et des couvents. « Écoles épiscopales, écoles paroissiales, écoles monastiques, une foule d'établissements surgissent comme par enchantement sur tous les points de l'Europe, accessibles par leur gratuité à l'enfant du pauvre comme à l'enfant du riche. Pour multiplier ces foyers d'instruction populaire, pour en établir dans chaque ville, dans chaque bourgade et jusque dans le dernier village, l'Église emploiera tous les moyens dont elle peut disposer ; elle parlera d'autorité par la voix de ses conciles ; elle stimulera le zèle des empereurs et des rois ; elle provoquera les édits des princes et, au besoin, leurs mesures de rigueur ; à défaut de maîtres laïques, elle appliquera à cette œuvre capitale ses clercs, ses prêtres, ses religieux. » Elle méritera que le chef de la secte positiviste en France avoue que, « pendant dix siècles, le catholicisme a été le promoteur le plus efficace du développement populaire de l'esprit humain. » Qu'on ne dise pas que ces écoles du moyen âge ne sont que des séminaires où grandit pour le sacerdoce la jeunesse ecclésiastique. Ne serait-ce rien, après tout, de prendre les fils des laboureurs et des artisans pour en faire des prêtres, des évêques et des papes ? Mais, dans ces asiles que la charité de l'Église ouvre à l'ignorance, toutes les conditions se rencontrent et se mêlent. Je ne parle pas des fils des barons et des comtes : on sait assez que l'Église les formait à la science, au courage et à la vertu. D'où sortent au XIIIe siècle ces poètes roturiers dont le peuple comprend et répète les chants ? Où et par qui fut gardé, durant ces âges moins barbares qu'on s'est plu à le redire, le trésor des connaissances humaines, les plus humbles comme les plus relevées ? Qui donc apprit à nos ouvriers à élever nos cathédrales ? Qui dressa tant de générations d'artisans et d'artistes à sculpter les statues de nos saints, à orner nos manuscrits, à décorer nos temples de ces vitraux que l'art contemporain se déclare impuissant à égaler ? Est-ce une nation d'ignorants qui a travaillé à tous ces chefs-d'œuvre ? Non, mes Frères, l'Église ne dépensa pas alors moins de patience à instruire les enfants du peuple que de dévoûment à soigner ses malades et à défendre ses orphelins. « Il serait difficile, écrit un contemporain de Grégoire VII, que le fils du plus grand roi pût être élevé dans le palais de son père avec plus de sollicitude qu'on n'en témoigne aux plus humbles enfants du peuple, élevés dans l'abbaye de Cluny. » Ce qu'on fait à Cluny, on le fait partout, et cela pendant des siècles. « On a cru longtemps, dit un des historiens les plus compétents de cette époque, que le moyen âge n'avait connu rien qui ressemblât à ce que nous appelons l'instruction primaire. C'est une erreur. Il est fait à chaque instant mention d'écoles rurales dans les documents où l'on s'attendait le moins à rencontrer des renseignements de ce genre, et l'on ne peut guère douter que, pendant les années même les plus agitées du XIVe siècle, la plupart des villages n'aient eu des maîtres enseignant aux enfants la lecture, l'écriture et un peu de calcul ». Après un pareil aveu, il est presque inutile de rappeler la recommandation faite aux évêques du XVe siècle « de s'enquérir avec soin si chaque paroisse possède une école, comment les enfants y sont enseignés, et d'en établir où il n'y en a pas. » Restons-en pour le moyen âge sur la parole de Gerson, ce célèbre chancelier de l'Université de Paris qui consacra sa vieillesse et son génie à apprendre à lire aux pauvres petits Lyonnais. Son témoignage éclaire d'une vive lumière le zèle déployé par l'Église pour l'instruction populaire pendant les plus tristes jours de la guerre de Cent ans. Alors que la France agonise dans d'effroyables malheurs, le clergé, poursuivant sa grande œuvre de l'éducation du peuple, le prépare au salut que va bientôt lui apporter Jeanne d'Arc.

Nous voici au seuil des temps modernes. Ils s'ouvrent par une double révolution qui a bouleversé l'âge qui l'a vue naitre et transformé ceux qui l'ont vue grandir ; le mouvement qu'elle a déterminé dure encore. Nous n'avons pas à discuter ici ce qu'ont été la Renaissance et la Réforme dans l'ordre religieux, politique et littéraire, mais nous avons le droit de demander aux humanistes et aux protestants du XVIe siècle ce qu'ils ont fait pour l'éducation du peuple. Les premiers sont une minorité de lettrés et de savants qui se font les disciples passionnés de l'antiquité, mais je ne sache pas qu'ils expliquent Homère ni Cicéron à la multitude ; ils la méprisent et, pour prix de la liberté de penser et d'écrire qu'on leur accorde, ils l'abandonnent volontiers au despotisme des princes. Les seconds brûlent en France les écoles comme ils brûlent les églises. Il est vrai que Luther ouvre des gymnases en Allemagne, mais, dans ses plans de règlementation de l'instruction publique, il ne pense qu'aux classes riches et dédaigne les masses. Non, il n'y a rien pour le peuple dans ces programmes d'où la langue nationale est exclue et dont la base est toujours l'étude du latin. Ajoutez que le réformateur en appelle sans cesse dans la question de l'enseignement à la direction prépondérante du pouvoir civil ; il est permis sans doute de ne pas regarder cette intervention souveraine de l'État comme la meilleure garantie de la liberté. Les Pères du Concile de Trente s'inspirent d'une pensée plus large et plus démocratique en prescrivant « qu'il y ait auprès de chaque église un ou plusieurs maîtres chargés d'enseigner gratuitement la grammaire non seulement aux clercs, mais aux autres pauvres écoliers ». Si leur voix n'est pas entendue, c'est que le tumulte des guerres de religion la couvre, mais dans les pays catholiques où la fureur des réformés ne l'étouffe pas, elle anime les saints à reprendre l'œuvre de l'instruction du peuple interrompue par l'hérésie. Pour ne parler que de l'Italie, après les Camille de Lellis et les Jérôme Émilien, qui se consacrent à l'éducation des enfants abandonnés autant qu'au soin des malades, ne vit-on pas, au début du XVIIe siècle, Joseph Calasanz sur le point de réaliser à Rome la grande œuvre que soixante ans plus tard le Bienheureux de la Salle devait fonder chez nous pour la France et pour le monde ? Il fut en effet un des plus illustres devanciers de votre Père, et quand je le vois s'enfermer avec ses Religieux dans de misérables réduits pour apprendre à lire aux plus pauvres des Romains, les accompagner à la porte de leurs demeures, revenir balayer la classe et chercher le repos dans les veilles prolongées de la pénitence et de la prière, il me semble, mes Frères, que j'assiste à la naissance même de votre Institut. Mais la fondation de Joseph Calasanz ne lui a survécu qu'en changeant de caractère ; Dieu réservait à la France la gloire d'organiser définitivement l'enseignement des classes populaires.

Rappelons-le, mes Frères, avec une légitime fierté, nul pays ne comprit mieux que le nôtre et n'exécuta plus fidèlement que lui les prescriptions du concile de Trente. Quand on parcourt les actes de nos conciles provinciaux et de nos synodes diocésains à cette époque, on est tenté de croire que la question de l'instruction des masses est l'unique affaire, tant les évêques et les prêtres français y reviennent avec une insistance infatigable. Ils s'adressent à toutes les bonnes volontés, ils stimulent tous les dévouements ; des programmes sont élaborés, des règlements sont rédigés, les principes de la vraie pédagogie chrétienne sont formulés : c'est une croisade contre l'ignorance et les vices dont elle est la mère. Tant d'efforts ont abouti à de magnifiques résultats, si l'on considère que la charité française a réparé presque partout les ruines amoncelées par le protestantisme et qu'au siècle de Bossuet comme au siècle de saint Thomas, à côté des universités et des collèges où fleurissent la Théologie et les Lettres, les petites écoles vont assurer encore aux enfants du peuple le bienfait de l'éducation chrétienne. Mais, il faut l'avouer, rien n'est fait tant qu'on n'aura pas pourvu au recrutement et à la formation des maîtres. C'est la grande lacune à combler. Ou les maîtres manquent, ou, pour la science, le dévoûment et la vertu, ils sont manifestement au-dessous de leur tâche. Ceux-ci ne savent que lire et compter, ils ne savent pas écrire ; ceux-là ne voient dans leur métier qu'un pauvre gagne-pain ; d'autres, s'ils ne sont vicieux, n'ont aucune élévation morale. On voit alors un triste contraste : d'un côté vingt congrégations de femmes se vouent à l'éducation des petites filles ; de l'autre l'éducation des petits garçons est négligée ou livrée trop souvent à des instituteurs indignes ou incapables. En vain des cœurs généreux ont voulu porter remède au mal ; ou leurs essais n'ont été que des ébauches, ou leurs fondations n'ont duré qu'un jour. Ni le vénérable César de Bus à Cavaillon, ni le vaillant abbé Démia à Lyon, ni le P. Barré à Paris, ni Mgr de Buzanval à Beauvais, ni ces pieux laïques, Pierre Tranchot à Orléans, François Perdouls à Blois, M. Nyel à Rouen, n'ont réussi. Cependant les plus saints restaurateurs des mœurs chrétiennes appellent de leurs vœux et de leurs prières l'homme de la Providence. Qui sera le Vincent de Paul de l'Université du peuple ? Dieu, mes Frères, l'avait déjà donné à la France et à l'Église.

Je viens de prononcer le mot d'Université du peuple ; j'y insiste, mes Frères ; il n'est pas trop ambitieux, car il résume admirablement la grande pensée du Bienheureux de la Salle.

Il n'est pas rare de nos jours — les professeurs de l'enseignement secondaire en savent quelque chose, — qu'un grand maître de l'Université reprenne la plume après ses nombreux devanciers pour adresser à ses subordonnés des instructions nouvelles ; ce sont des programmes qui changent, des méthodes substituées à d'autres méthodes, un enseignement dont l'esprit se modifie, des examens dont la forme et la sanction varient. De bons esprits pensent que des changements si fréquents ne sauraient profiter aux lettres et parfois ils se demandent si tant de variations ne ruineront pas les études classiques. Le législateur de l'instruction primaire, il y a deux siècles, a été plus sage, mes Frères, et s'il est vrai que l'organisation qu'il lui a donnée est toujours vivante, n'est-ce pas la meilleure preuve que c'était une œuvre de génie ? Essayons d'en marquer les principaux caractères.

Le premier trait de cette conception grandiose est son opportunité même. Le Bienheureux de la Salle comprit mieux que personne avant lui la nécessité pressante d'élever le peuple. Un regard jeté sur le passé lui montre la curiosité intellectuelle de la foule éveillée par la découverte de l'imprimerie et par la renaissance du génie antique ; un regard plongé vers l'avenir lui fait pressentir, comme à Fénelon, comme à Vauban, témoins avec lui de la décadence commencée de l'absolutisme royal, l'avènement prochain des classes populaires à de plus hautes destinées : il conçoit le généreux dessein de les faire bénéficier du réveil de la pensée humaine et surtout de les préparer au redoutable avenir qui les attend. Que fût-il advenu en France, mes Frères, si à l'heure où la Révolution éclata, le peuple, spécialement le peuple des villes, n'eût pas été prémuni contre ses excès par l'éducation chrétienne qu'il devait à votre Institut ? Je sais bien qu'il a subi pendant quelques années le joug de féroces tyrans, mais je sais aussi que la masse de la nation française ne partagea point leurs sanglantes fureurs. Qui l'avait gardée dans le respect de Dieu et l'amour de la patrie ? Qui s'apprêtait, une fois la tourmente passée, à lui montrer le ciel obscurci un instant par des nuages de sang ? Qui avait développé dans son âme ces principes d'honnêteté naturelle et ces sentiments chrétiens qui finirent par triompher de la tyrannie révolutionnaire ou d'égarements passagers ? J'en appelle à l'histoire, mes Frères, qui n'a pas oublié de consigner ce service de premier ordre : si le peuple n'est point coupable des excès de la Révolution, la France le doit en partie au Bienheureux de la Salle. Il me semble que durant ces longues méditations qu'il aimait à poursuivre la nuit au tombeau de saint Rémy, les Anges de la patrie firent passer devant ses yeux les destinées de la France ; sous ces voûtes qui avaient vu le baptême de Clovis, le sacre de Charles VII et le triomphe de Jeanne d'Arc, il vit se succéder nos gloires et nos malheurs ; pour diminuer les uns et pour multiplier les autres, il comprit qu'il fallait éclairer et moraliser la nation tout entière, et pendant que l'Église donnait des précepteurs aux fils de Louis XIV pour les former à régner chrétiennement, il jura qu'il se ferait l'éducateur du peuple pour qu'il restât chrétien.

Mais l'opportunité de son œuvre n'en est pas le côté le plus frappant. Si elle montre la profondeur de vues et le patriotisme du Bienheureux, voici de nouveaux traits qui font honneur à son génie pédagogique.

A voir aujourd'hui les programmes officiels de l'enseignement primaire, on est porté tout d'abord à louer leur variété et leur richesse, mais un regard moins superficiel en démêle bientôt l'embarassante complexité. L'élève des plus humbles écoles est invité à tout savoir; il doit conquérir un diplôme ; si les bacheliers et les licenciés abondent en France, nous comptons aussi par milliers les héros du certificat d'études. Loin de moi la pensée de rabaisser le mérite des élèves ou le dévouement de leurs maîtres. Mais qui ne voit les dangers d'un enseignement capable de fausser les jeunes intelligences qui le reçoivent? Le plus modeste parchemin excite la vanité des familles, irrite l'ambition du candidat qui l'a conquis. Que de déclassés ne lui doit-on pas? Est-ce le moyen que

chacun reste à sa place dans une société déjà si troublée ?
Hélas ! ces destructions sauvages qui naguère ont épouvanté
cette ville et dont la pensée effraie encore Paris, la France
et l'Europe, qui les rend si terribles, sinon une science indis-
crètement versée comme une liqueur enivrante à des esprits
dévoyés ? Sans parler de ces graves périls, l'instruction elle-
même y gagne-t-elle quelque chose ? Si l'élève est intelligent
et appliqué, il meublera son esprit plutôt qu'il ne le formera ;
s'il est peu doué ou paresseux, il est bien à craindre que la
multiplicité des études ne produise dans sa vie intellectuelle
que la confusion et le dégoût. Le Bienheureux de la Salle a
voulu lui aussi instruire le peuple, mais avec quelle sagesse
et quel esprit pratique ! Lire, écrire et compter, voilà ce qu'il
convient d'apprendre, avant tout, à cet enfant, à ce jeune
homme qui demain maniera l'outil, la pioche ou la charrue.
Qu'a-t-il besoin de connaissances qu'il ne saurait utiliser dans
sa vie ? Il n'amassera donc qu'un modeste trésor de savoir.
Cependant, grâce à lui, le dimanche à l'église, ou le soir à son
foyer, il lira l'Évangile, la vie de nos saints et de nos grands
hommes ; il écoutera quelques instants la voix du ciel et la
voix de la patrie. Il ne sera plus forcé de livrer à un scribe
le secret de ses affaires ; il pourra causer, la plume à la
main, avec les absents qu'il aime ; et le lendemain, rajeuni et
consolé par cette apparition d'un monde supérieur, il reprendra
sa tâche quotidienne. Mais le Bienheureux de la Salle n'a pas
borné la science du peuple aux notions élémentaires de l'al-
phabet, des chiffres et de l'orthographe, et ses fils n'ont pas
trahi sa pensée en dépassant les limites qu'il avait posées
à leur enseignement. Votre Père fonda lui-même à Rouen le
premier de vos pensionnats et à Paris la première de vos
écoles professionnelles ; il inaugurait, mes Frères, l'enseignement primaire supérieur, et traçait comme le premier dessein
de l'enseignement moderne. « C'est à lui, disait M. Duruy il
y a vingt-cinq ans, que la France est redevable de la mise
en pratique et de la vulgarisation de cet enseignement nou-

— 16 —

veau ; de ce premier essai sortit un enseignement qui, s'il avait été régularisé, aurait avancé d'un siècle l'organisation des écoles d'adultes et même de l'enseignement secondaire spécial, dont notre temps s'honore à juste titre. » Oui, mes Frères, les programmes qu'il a tracés, loin de vous condamner à l'immobilité, se prêtent à tous les besoins des temps nouveaux comme aux progrès des sciences, et c'est lui qui vous a ouvert la voie où vos rivaux ne vous suivent que de loin.

C'est ainsi qu'il sépare nettement l'école du collège. La conséquence naturelle d'une idée si juste sera l'emploi exclusif de la langue nationale dans les petites écoles. Faut-il rappeler que ce nouveau trait de génie était un coup d'audace en même temps qu'un acte de bon sens ? Jusque-là l'enfant apprend à lire en latin ; il se traîne pendant quatre ou cinq ans sur des livres composés dans une langue qu'il ne comprendra jamais. Telle est la force de la routine que les maîtres suivent machinalement une habitude léguée par une tradition séculaire. Il est vrai que les solitaires de Port-Royal ont commencé à réagir contre une méthode surannée, mais on tient pour suspecte une nouveauté dont les patrons sont des jansénites. Et pourtant le temps n'est-il pas venu de faire de la langue française la base de l'enseignement populaire ? Sortie des agitations du XVIe siècle, un peu rude sans doute, mais charmante de grâce naïve, elle a gardé quelque chose de la finesse et de la verve gauloise de Marot ; Ronsard lui a donné le goût de l'antique qui lui va si bien ; Malherbe et Balzac l'ont enrichie de l'harmonie des sons, du nombre et des formes périodiques ; sous la plume géométrique et passionnée de Pascal, elle a atteint la justesse et la vie ; elle est parvenue à la plénitude de sa vigueur sous la touche énergique de Corneille ; le pinceau délicat de Racine l'a parée de tous ses charmes ; le goût sévère de Boileau l'a enchaînée à la discipline de la raison ; elle a retrouvé avec Molière et la Fontaine ce jet spontané, ces allures dégagées et ce naïf entrain qui rappellent son enfance ; enfin Bossuet et Fénélon l'ont faite chrétienne et ils ont consacré sa perfection elle-même : voilà, mes Frères, la langue que le Bienheureux de la Salle reçoit des mains de ses illustres contemporains et c'est elle qu'il met sur les lèvres du peuple ; c'est en cette langue qu'il rédige des alphabets et des catéchismes, des manuels de civilité française et de politesse chrétienne, les plus petits et les plus humbles classiques des pauvres écoliers, mais en réalité des livres qui comptent leurs éditions par centaines, leurs lecteurs par millions et qui exercent en définitive l'influence la plus considérable sur la nation entière. Quel écrivain a mieux mérité de l'idiome national et à qui plus qu'à lui la langue de la France doit-elle d'être devenue la langue de tous les Français ?

Que dire aussi des méthodes d'enseignement qu'il a créées ? Habitués à en profiter depuis deux siècles, nous oublions parfois de nous souvenir à qui nous les devons. Il a trouvé le moyen de faire pénétrer les premiers éléments de la science dans les intelligences les plus rebelles. N'est-ce pas à ce but que tend le principe souverain qui mène pas à pas l'esprit de l'enfant du simple au composé ? L'élève des petites écoles s'exerce d'abord à prononcer des lettres, puis il forme des syllabes ; des syllabes il passe aux mots ; des mots, aux phrases ; il ne se heurte point brusquement à des difficultés qui l'arrêteraient longtemps ou le décourageraient pour toujours ; chaque jour il fait un pas en avant, et, le succès redoublant son ardeur, il arrive au but, je ne dis pas sans peine, mais sans dégoût. Il est aidé d'ailleurs par ses condisciples, grâce à l'enseignement simultané que le Bienheureux de la Salle a le premier appliqué aux études élémentaires. Plus de ces répétitions particulières qui perdent le temps, fatiguent le maître sans profit, favorisent l'inattention ou la dissipation de toute une classe. Les élèves sont groupés selon leur force ; chaque groupe suit du regard et du doigt tous les mots de la leçon ; un enfant les prononce, les autres le répètent ; l'attention est excitée, l'émulation générale est entretenue ; les paroles tombent en cadence avec une régularité harmonieuse et la mémoire retient plus facilement ce qui a frappé et charmé l'oreille. Je ne m'étonne pas qu'on ait adopté cette méthode « fort utile aux écoliers, disait Rollin, et qui épargne beaucoup de peine aux maîtres ». Si, au début de ce siècle, son origine et l'amour du changement lui méritèrent les dédains de quelques esprits aventureux, on comprit bientôt avec M. Cousin que « la méthode de M. de la Salle est la seule qui convienne à une créature morale » et on avoue aujourd'hui « que sa supériorité explique l'incontestable supériorité des écoles des Frères ».

L'étude de ces ingénieux procédés captive, et j'aimerais à en poursuivre la revue. Mais j'en ai dit assez pour justifier le titre de législateur de l'instruction primaire que la postérité a décerné à votre Père. Achevons sa louange en montrant qu'il a voulu que cet enseignement populaire, simple, français et méthodique, fût avant tout chrétien.

De nos jours, on raisonne longuement et on écrit beaucoup sur la psychologie des écoliers. On scrute avec une louable patience ce monde merveilleux qu'est l'âme d'un enfant ; on décrit ses facultés, on étudie les rapports qui les unissent, on cherche le meilleur système d'éducation possible pour leur développement harmonieux et complet. Comment faire épanouir dans l'unité la triple vie physique, intellectuelle et morale dont il porte en lui les germes ? Comment d'un enfant faire un homme ? Tels pédagogues craignent de trop accorder à l'esprit au détriment du corps, et ils ne sont pas éloignés de juger que la gymnastique est le grand levier de l'éducation ; d'autres ont une foi aveugle dans l'efficacité de la science, et ils décident que plus l'enfant saura, plus il sera élevé. Il est rare que la question morale préoccupe nos modernes éducateurs aussi vivement que le reste ; l'essentiel est que l'école façonne les futurs citoyens à obéir à l'État, et, pour résumer d'un mot l'esprit de la pédagogie officielle, elle a pour but principal de fournir de bons serviteurs à la République. Quant à la vie religieuse, à la vie chrétienne, le grand principe est de garder le silence à son endroit ; le maître entreprendrait sur les consciences s'il ne se renfermait pas dans une indifférente neutralité. Toutes ces théories peuvent être facilement convaincues de ridicule ou de contre-sens, de tyrannie ou d'impiété. Opposons-leur, sans les juger, l'école chrétienne, telle que l'a conçue le Bienheureux de la Salle. C'est ici qu'apparaît dans toute sa beauté la pensée de ce grand homme, puisqu'elle sauvegarde à la fois tous les intérêts de l'enfant, les droits de Dieu et les besoins du pays.

Il analyse avec finesse « cette nature d'enfant en qui l'esprit ne se distingue qu'à la longue de la matière », et il veut que ses élèves « aient de l'air, de l'espace et des jeux », car il faut « discipliner et fortifier le corps ». Il veut que les maîtres « inspirent aux enfants le goût et le désir de la vérité », qu'ils habituent « même les plus jeunes à la réflexion et au travail personnel ». Il veut « qu'ils ne les appliquent qu'à des choses utiles », et qu'ils les interrogent souvent « pour soutenir leur attention et leur faire découvrir la vérité ». Il veut « qu'ils disciplinent la volonté, qu'ils forment le caractère et le cœur ». Il veut que l'école « supplée aux soins de la famille », et que les maîtres y commandent « avec force et douceur, ainsi que dans le gouvernement de la Providence et d'une bonne mère à son foyer ». Il veut « qu'ils corrigent les enfants de leurs défauts, et qu'ils leur fassent pratiquer des actes fréquents de la vertu opposée, mais proportionnés à leur âge ». Il veut, enfin, qu'ils les élèvent chrétiennement, « parce que l'école est le noviciat du christianisme et la préparation aux devoirs de la vie civile ». Rien ne manque, mes Frères, à ce programme que la Religion inspire et qu'elle couronne. Ah ! celui qui le rédigea comprenait qu'il est impossible d'enseigner l'histoire à l'enfant sans lui parler de

Jésus-Christ, qui la remplit tout entière. Il comprenait qu'il serait ridicule de dérouler sous ses yeux la carte du monde sans marquer d'une croix le petit coin de terre où le Fils de Dieu est mort pour sauver les hommes. Il comprenait qu'il serait dangereux de lui apprendre à lire dans tous les livres, excepté dans l'Évangile. Il comprenait qu'il serait insensé de vouloir former sa conscience et l'habituer au devoir sans lui parler de Dieu, qui le jugera. Il comprenait qu'il serait coupable de ne lui laisser ignorer que le mystère de ses origines et de ses destinées. Il comprenait que les hommes les plus religieux sont aussi les meilleurs citoyens, et que rien plus que l'amour de Dieu n'encourage à sacrifier ses veilles, son repos, ses biens, son sang, à la patrie. Il comprenait qu'un peuple docile aux lois divines obéit plus facilement aux lois humaines, et qu'une nation respecte mieux ses chefs quand elle commence par se soumettre à Dieu. Il comprenait tout cela, et, résumant sa pensée, il écrivit en tête de vos Constitutions : « Notre Institut a pour fin de procurer à la jeunesse une éducation chrétienne. »

Voilà, mes Frères, l'école populaire telle que votre Père l'a conçue ; la voilà avec ses programmes, ses méthodes et son but. De quelque côté qu'on l'envisage, on y voit éclater une sagesse extraordinaire, un bon sens qui va jusqu'au génie, le plus pur patriotisme uni à l'amour de Dieu et du prochain. Quels maîtres maintenant seront chargés de la diriger ? C'était, vous vous le rappelez, la question qui préoccupait avant toutes les autres les réformateurs de l'enseignement primaire au XVIIe siècle. Dans le plan du Bienheureux de la Salle, elle est résolue, elle aussi, avec un plein succès.

Quand il se demanda quels instituteurs il convenait de donner aux enfants du peuple, il n'hésita pas longtemps. Il crut que pour suffire à cette tâche héroïque, il fallait des hommes consacrés à Dieu par la vie religieuse. D'autres maitres, il est vrai, remplissent cette sublime mission avec une abnégation et une intelligence qu'il serait injuste de ne pas reconnaitre et auxquelles vous êtes les premiers à applaudir. Mais comment ne pas voir que l'esprit religieux prépare admirablement l'instituteur populaire à sa vie obscure et sacrifiée? Affranchi par le vœu de pauvreté du tracas des affaires, par le vœu de chasteté des devoirs de la famille, par le vœu d'obéissance des soucis du pouvoir, il se livre, sans réserve, à cet enseignement, élevé pour lui à la hauteur d'un apostolat. Il a librement renoncé à sa propre indépendance ; il restera humble et fidèle au poste où la volonté de ses supérieurs l'aura placé. Il a promis sur l'Évangile de garder son cœur pur ; il veillera, avec un soin jaloux, sur la vertu de ces petits dont l'innocence lui a été confiée. Il a dit adieu à tous les biens d'ici-bas ; il ne recevra pas même une obole en récompense de ses rudes labeurs ; sa seule ambition sera de gagner le ciel. Dieu le veut, et il obéira. N'a-t-il pas accepté d'avance la tâche la plus ingrate? Aimer des enfants légers, insubordonnés, capricieux ; bégayer avec eux pendant des semaines, des mois, des années, les plus humbles éléments des lettres humaines ; s'user pendant cinq ou six heures par jour dans ces fatigues monotones; recommencer le lendemain et ne finir qu'à la mort, non, mes Frères, pour un pareil dévoûment, il n'est pas superflu de s'être donné d'abord à Dieu tout entier. Cependant ce maître religieux ne sera pas prêtre. N'est-ce pas une inconséquence? Les prérogatives du sacerdoce et les secours spirituels qu'il offre à ceux qui en sont honorés ne sont-ils pas le moyen le plus efficace pour allumer dans un cœur d'homme la flamme du sacrifice? Le Bienheureux de la Salle en a jugé autrement, mes Frères, et il a eu raison. Il voyait que la seule possibilité de monter à l'autel aurait détourné ses disciples de leur humble mission, et si leurs désirs se portaient vers de plus hauts ministères, que devenait son œuvre? Elle eût échoué, comme la plupart de celles qui l'avaient précédée. Le sage Fondateur ne voulut pas se condamner au même échec et il dit à ses Fils : « Vous ne porterez que le nom de Frères. Unis à Dieu par le genre de vie le plus parfait, vous n'en resterez pas moins dans la condition ordinaire des simples fidèles ; sous aucun prétexte ni de talent, ni de science, ni de vertu, vous ne pourrez aspirer au sacerdoce, et la seule fonction qu'il vous sera permis de remplir à l'autel, c'est de pouvoir servir une messe basse ; rien qui doive vous détourner de votre vocation, pas même l'étude de cette langue que l'Église a faite sienne pour l'usage de ses ministres et de sa liturgie. L'instruction et l'éducation chrétienne des enfants, voilà votre mission ; c'est ce que Dieu demande de vous, rien que cela, mais tout cela. » Et cette conception, mes Frères, a triomphé. Elle a réalisé le vœu de l'Église ; elle a traversé les siècles, vivante et forte comme au premier jour ; elle a créé une légion de nouveaux apôtres que le monde entier connaît et dont je suis heureux de saluer ici la jeune élite, groupée autour de son vénérable chef et de ses aînés vieillis dans le dévoûment à Dieu et l'amour du peuple.

En terminant ces considérations dont mon admiration pour vous excuse la longueur, ai-je besoin de me résumer et de dire qu'une telle œuvre est grande et que celui qui l'a organisée est un grand homme ? Non sans doute, mais comment oublier que le Fondateur des Écoles chrétiennes fait grande figure au milieu de ses contemporains ? S'il s'agissait de donner des rangs à cette génération de grands Français et de grands Chrétiens qui ont si bien travaillé pour la France et pour Dieu, je n'hésiterais pas à placer votre Père au-dessus de ces guerriers, de ces poètes, de ces orateurs et de ces artistes qui ont illustré nos armes et laissé des chefs-d'œuvre immortels. Il a plus fait pour la Patrie en instruisant le peuple que s'il eût gagné des batailles ou écrit de beaux ouvrages : e génie lui-même le cède à la charité et, à cette époque où elle enfanta des merveilles, c'est à côté de Saint Vincent de Paul qu'il faut placer le Bienheureux de la Salle : l'un a nourri les pauvres, l'autre les a élevés.

Vous continuez son œuvre, mes Frères, et la France aujourd'hui n'attend pas moins des Fils qu'elle n'a reçu du Père. Jamais peut-être l'Église et la Patrie n'ont eu un plus pressant besoin de votre dévouement. Écoutez donc, jeunes gens qui voulez devenir des maîtres chrétiens, écoutez l'appel de la France et de Dieu. Préparez-vous avec respect à votre mission. Le regard fixé sur la grande pensée qui vous a réunis ici, comprenez-en de plus en plus la sublimité. Si humble que paraisse votre rôle, c'est en le remplissant que vous soutiendrez l'honneur de l'Église et que vous travaillerez à la régénération religieuse de notre pays. « Qu'aurions-nous fait sans les Frères ? » s'écriait il y a dix ans le vénéré cardinal Guibert. C'était le cri de l'Église et le cri de la France : aujourd'hui elles le répètent avec un accent plus douloureux ; à vous d'y répondre.

II

« Les grandes pensées viennent du cœur, » a dit un moraliste qui naissait en France presque à l'heure où le Bienheureux de la Salle mourait, son œuvre fondée. Jamais la réflexion de Vauvenargues ne m'a paru mieux justifiée que par la vie du Fondateur des Écoles chrétiennes. C'est dans sa charité pour Dieu et pour les pauvres qu'il puisa ces vues si justes, ces combinaisons si simples et si puissantes, tout cet ensemble de règles et de méthodes que nous venons d'admirer. Mais qui ne sait que la plus belle idée n'est rien tant le génie qui l'a trouvée ne la réalise pas? Or, pour qu'elle ne reste pas éternellement dans le domaine des utopies ou ne s'évanouisse pas comme un rêve, que faut-il? Un dévoûment proportionné à sa grandeur. Les petites idées ne réclament pour vivre que de petits sacrifices ; les grandes idées sont plus exigeantes ; elles demandent ordinairement l'immolation totale de celui qui les a conçues. Voilà pourquoi, mes Frères, il n'a pas fallu moins que la mort d'un Dieu pour réconcilier la terre avec le ciel et fonder ici-bas le règne de la vertu. Seuls les grands cœurs comprennent cette loi austère et féconde et leur grandeur se mesure à l'héroïsme avec lequel ils s'y soumettent.

Rappelons donc, à l'honneur du Bienheureux de la Salle, quels sacrifices son œuvre lui a coûtés. Aussi bien, le tableau de ses souffrances est celui de ses victoires ; d'un côté un homme qui s'immole, de l'autre une œuvre qui naît ; plus l'homme se sacrifie, plus l'œuvre prospère ; quand il s'est dépensé tout entier, elle est immortelle.

Nous sommes à Reims, le 24 juin 1682. Ce jour-là, un jeune gentilhomme, maître d'une grosse fortune, chef d'une noble famille, prêtre depuis quatre ans, membre d'un des plus illustres chapitres de l'Église de France, quitta la maison de ses pères, et s'enferma dans une humble demeure avec quelques pauvres maîtres d'école dont il s'était fait le conseil et l'appui. Il rompait avec son passé, disait adieu aux souvenirs de son enfance, aux joies de sa jeunesse et s'exposait à perdre l'affection des siens. Sa famille n'a pas vu d'un bon œil ses engagements avec les pauvres instituteurs. Tant qu'il n'a fait qu'encourager les débuts d'une œuvre utile, elle lui a pardonné son zèle, excessif peut-être, mais inspiré par l'apostolat sacerdotal et compatible avec ses propres intérêts. Mais, à mesure qu'il s'attache à ces petites gens, son étonnement redouble ; bientôt elle s'irrite : il oublie les siens, il les humilie, il les lèse ; ils avaient rêvé pour lui les honneurs de l'Église auxquels sa naissance et ses talents l'appellent, et voilà qu'il marche à des devoirs sans gloire comme sans profit. Déjà deux de ses frères l'ont quitté ; le troisième est soustrait à sa tutelle ; peu à peu les liens de la famille se desserrent ou se brisent autour de lui. Le monde colporte et grossit ces griefs ; il se moque de cet homme de bonne naissance qui descend en si humble compagnie ; il rit de ce docteur devenu maître d'école. Peu s'en faut que ses confrères ne se scandalisent de voir un chanoine s'abaisser à un pareil ministère. Cependant le petit troupeau qu'il a réuni se disperse ; l'épreuve a été trop forte pour des cœurs peu généreux et des esprits indépendants ; le Bienheureux reste avec deux disciples dans une maison presque vide ; l'œuvre à peine commencée va périr et l'insuccès légitimer les railleries qu'on n'épargne pas au Fondateur. Se demanda-t-il alors s'il ne poursuivait pas un fantôme ? Je ne sais, mes Frères, si à cette heure terrible il douta, mais il ne recula point. Pareil au laboureur vaillant qui a quelque temps hésité à mettre la main à la charrue, mais qui, une fois le travail commencé, pousse droit son sillon sans compter les pierres ni les épines, il fut fidèle au conseil de l'Évangile et il ne regarda point en arrière. Dieu, mes Frères, bénit aussitôt sa constance ; il lui envoie des sujets d'élite qui seront les colonnes de l'Institut ; la petite communauté se reforme ; déjà les Écoles sont solidement établies à Reims, et de Guise, de Rethel, de Laon, on appelle les nouveaux maîtres. L'arbre grandit, planté dans une terre généreuse ; il ne tardera pas à pousser de tous côtés de vigoureux rameaux.

Mais il faut d'autres sacrifices pour préparer cette expansion victorieuse. Le Bienheureux est riche et pourvu d'un gros bénéfice. Il a beau prêcher à ses Frères le détachement des biens de ce monde ; il a beau leur proposer les gracieuses paraboles des lis qui ne filent point et que Dieu vêt, des oiseaux qui ne moissonnent point et que Dieu nourrit ; l'Évangile lui-même ne raffermit plus ces cœurs découragés ; ils peuvent après tout lui répondre que la confiance en Dieu est facile à qui ne manque de rien. Qu'à cela ne tienne: il prêchera d'exemple et se démettra de son canonicat. Mais renoncer à des honneurs et à des revenus qu'il n'a point cherchés n'est pas une entreprise facile. A peine connu, son dessein cause dans la ville un émoi extraordinaire. Ses parents, ses amis, ses confrères, se coalisent contre lui. Ceux-ci s'affligent de perdre un homme dont le savoir et la piété sont l'honneur du chapitre ; ceux-là lui font un cas de conscience d'une démarche qui nuira sans doute à l'avenir de ses frères ; ces derniers mettent tout en œuvre pour faire échouer un projet qui les déshonore et les appauvrit. Si du moins il jetait sur les épaules de l'un d'eux son aumusse ! Mais le pieux chanoine se défie de son affection même, et, quand il s'agit d'intérêts sacrés, il reste sourd à la voix du sang. Cependant il hésite. Une de ces luttes suprêmes qui décident de la vie se livre dans son âme ; tout son passé se dresse devant lui pour le retenir. A-t-il le droit de jeter le discrédit sur sa famille ? N'est-ce pas un orgueil secret qui le pousse à se distinguer dans la voie de la perfection chrétienne ? Sa place n'est-elle pas dans cette stalle canoniale où la volonté de ses supérieurs l'a fait asseoir ? Ébranlé, il rentre en lui-même, sonde devant Dieu le fond de son cœur, le trouve pur et se décide au sacrifice. Sa résolution prise, il est inébranlable. Il ne peut résigner sa prébende sans le consentement de l'archevêque, que de puissantes influences ont prévenu contre lui : il l'assiège de ses importunités. Il court à Paris, où se trouve le prélat : il n'est pas reçu. Il revient à Reims : on l'éconduit de nouveau. Alors il va se jeter à genoux sur le pavé de la cathédrale, pleure et prie longtemps devant le Saint-Sacrement, se relève, retourne à l'archevêché, dont les portes s'ouvrent enfin ; à l'heure même il signe sa démission, revient chez lui ivre de joie, réunit ses Frères et chante avec eux un *Te Deum* d'actions de grâces. Il avait enfin conquis la liberté du dévoûment... Non, pas encore, mes Frères ; il lui reste un dernier lien à briser. S'il s'est déchargé des honneurs, il possède toujours un riche patrimoine. Peut-il conseiller la pauvreté à ses disciples en vivant dans l'opulence ? Il se dépouillera donc de tous ses biens. Son directeur hésite à lui permettre de consommer son sacrifice : l'humble héros attend l'heure de Dieu. Au milieu de ces délais une tentation lui vient. Puisqu'il a résolu de donner sa fortune aux pauvres, que ne la consacre-t-il à l'entretien de ces maîtres dont l'indigence décourage la vocation ? La charité exclut-elle la prudence ? C'est le conseil que lui donnent plusieurs personnes qui passent à bon droit pour sages, mais une voix intérieure l'avertit qu'il vaut mieux écarter tout élément humain des fondements de son œuvre et ne la bâtir que sur la pauvreté évangélique. Il médite l'avis aussi spirituel que chrétien du P. Barré : « Si vous fondez, vous fondrez, » et après avoir consulté Dieu dans la prière, il vend tout ce qu'il possède. La famine alors désole Reims et la Champagne ; il nourrit les mendiants qui affluent à la ville ; il met deux ans à épuiser ses ressources, puis il mendie à son tour, et un jour sur la route de Rethel on le voit se jeter à genoux pour manger un morceau de pain noir qu'une pauvre vieille lui a donné.

Ici encore, mes Frères, Dieu lui fut fidèle, et la récompense de tant d'héroïsme fut la fondation définitive de votre Institut. Le Bienheureux peut élaborer avec ses douze premiers disciples les éléments de sa constitution ; il n'y fera rien entrer d'humain. Il peut leur imposer le triple joug de la vie religieuse ; le sacrifice n'effraiera plus les fils d'un père qui le pratique si parfaitement. Si la règle est dure, ils le voient ajouter à ses rigueurs par des pénitences effrayantes ; si la nourriture est commune, ils le voient dompter par le jeûne et la faim les révoltes d'un estomac habitué dès l'enfance à d'autres délicatesses ; si le costume manque de grâce et fait sourire les passants, ils voient leur Père braver le premier des moqueries qui ne tarderont pas à se changer en admiration ; si l'esprit de pauvreté leur coûte, il ne possède plus que son Bréviaire, l'Évangile, l'Imitation de Jésus-Christ, un crucifix et son chapelet ; si la besogne est rude, il la partage avec eux ; si l'obéissance leur pèse, ils savent qu'il s'est démis en secret de ses fonctions de Supérieur, et qu'il a fallu un ordre de l'archevêque pour le forcer à reprendre le commandement ; en un mot, la communauté se modèle peu à peu sur son chef, et jamais il ne fut plus vrai de dire que l'âme des fondateurs est comme le moule de leurs instituts. En six ans, le Bienheureux a organisé le sien ; trois communautés, les Frères, les Novices, les Maîtres pour la campagne, sont réunies sous sa direction ; l'Université du peuple est fondée. Nous avons vu ce qu'elle a coûté au Bienheureux. Voyons, maintenant, ce qu'il va souffrir pour la propager et pour la défendre.

L'heure est venue pour le Bienheureux de quitter Reims, où sa communauté n'eût été qu'une institution diocésaine. Or, Dieu voulait que le monde entier la connût. Du reste, il lui réserve de terribles épreuves qui achèveront de la consolider. C'est à Paris que l'Institut naissant doit rencontrer le plus d'obstacles, mais c'est de Paris qu'il rayonnera d'abord par toute la France.

Depuis longtemps la paroisse de Saint-Sulpice appelle le Bienheureux de la Salle. Convertie par les prédications de Saint Vincent de Paul et régénérée par le zèle apostolique de M. Olier, elle compte un grand nombre d'écoles auxquelles il ne manque que des maîtres. Sous la direction des Frères, elles se relèvent ; la discipline y est rétablie et le travail remis en honneur. Mais le succès même faillit perdre les nouveaux maîtres ; la jalousie de ceux qu'ils ont remplacés ourdit contre eux de sourdes intrigues ; on leur signifie brutalement leur congé ; ils ne retrouvent la confiance et l'estime des supérieurs ecclésiastiques qu'après qu'une enquête a fait justice de la calomnie. Ce premier péril conjuré, un autre orage se déclare : il faut lutter contre les maîtres laïques pour la liberté de l'enseignement. Tout ce petit monde pédagogique est troublé ; vivant maigrement de son métier, il en veut à ces nouveaux venus qui sont plus habiles et se mêlent de donner l'instruction pour rien ; de quel droit portent-ils atteinte à des privilèges que les arrêts du Parlement ont consacrés ? La faction en appelle au tribunal du grand-chantre de Notre-Dame, chargé de juger ces conflits, et, avant même que le Bienheureux soit condamné, elle saisit son mobilier scolaire et ferme ses classes. Cependant, on veut que ses Frères renoncent à leur étrange costume : la populace en rit ; ceux-ci jugent le manteau trop long ; ceux-là blâment la forme du chapeau ; des personnes graves conseillent au Bienheureux de céder sur un point sans importance. Il est inflexible. Que n'exigera-t-on pas demain s'il est faible aujourd'hui ? Il a réuni ses Frères dans une maison de Vaugirard, où ils vont de temps en temps se refaire dans la solitude ; bientôt la famine les y poursuit. Là ils se passent plus d'une fois de diner ; ils se rendent au réfectoire, ils récitent le *Benedicite* devant une table vide, mais les âmes soutenues par les exemples d'un saint oublient joyeusement qu'elles ont un corps à nourrir. Là ils se consacrent par des vœux perpétuels à l'instruction du peuple. Là, voyant sa famille religieuse constituée, le Fondateur croit le moment venu d'en abandonner la direction et de descendre à la dernière place, mais l'affection de ses enfants fait échec à son humilité, et après deux scrutins, l'unanimité des voix le maintient dans sa charge. Là on lui conteste le droit de prier avec eux dans la pauvre chapelle qu'il n'a pu ouvrir qu'après mille difficultés. Harcelé de tous côtés, il résiste à toutes les attaques, et, Dieu aidant, il les surmonte. Bientôt le nombre des novices et des postulants s'accroît ; la maison de Vaugirard est trop étroite pour les contenir ; il ramène sur la paroisse de Saint-Sulpice sa famille, qui grandit dans la tribulation ; il ouvre de nouvelles écoles, et voit se réveiller la jalousie de ses rivaux. Mais rien n'abat son courage. Sur la demande de Jacques II, il se charge de l'éducation des jeunes Irlandais qui ont passé le détroit à la suite du royal exilé ; il pourvoit à la formation des maîtres pour la campagne, et il eût fondé les écoles normales si le Frère qui en gouverna le premier établissement ne l'eût ruiné par son avarice ; il établit une école dominicale pour les jeunes gens que le travail retient toute la semaine à l'atelier. Quelles misères ne lui causa pas cette dernière entreprise, le type de nos écoles professionnelles ! Elle a d'abord magnifiquement réussi, mais, le succès excitant la convoitise et la vanité des maîtres qui la dirigent, ils forment le projet d'ouvrir pour leur propre compte une école rivale, et, sourds aux tendres supplications de leur Père, ils s'évadent misérablement. Aucun Frère ne consent à remplacer les transfuges ; toute la responsabilité de l'insuccès retombe sur le Bienheureux ; il est traité de menteur, d'homme sans foi ; le serviteur de Dieu n'écoute point l'injure ; il rétablit l'école que ruinera plus tard la malice de ses ennemis. Cependant, l'autorité ecclésiastique cherche à s'immiscer dans le gouvernement de son Institut ; la maladresse d'un Frère qui, pendant son absence, a imposé à quelques novices des pénitences trop sévères en fournit l'occasion. On la saisit ; on rédige un mémoire qui conclut à la déposition du Fondateur, et quand il revient, le cardinal de Noailles lui dit : « Monsieur, vous n'êtes plus Supérieur de votre communauté ; je l'ai pourvue d'un autre. » L'humble prêtre baissa la tête et se soumit ; ne lui infligeait-on pas l'outrage qu'il souhaitait depuis longtemps ? Mais comment avoir raison de l'attachement de ses enfants ? Ils déclarent qu'ils quitteront l'Institut plutôt que d'obéir à un autre Supérieur. On le vit alors se jeter à leurs genoux, et les supplier, les larmes aux yeux, de se soumettre ; rien n'y fit ; il fallut bien reconnaître qu'on ne séparerait jamais la tête et le corps de la nouvelle famille. C'est cette union, mes Frères, qui la fit triompher dans la suprême épreuve que Paris lui réservait. Elle est établie au faubourg Saint-Antoine : le Bienheureux y a transporté toutes ses œuvres de Vaugirard. Le noviciat est florissant, les écoles en pleine prospérité. Tout à coup la ligue ourdie par les maîtres laïques se redresse pour la troisième fois. Ils le traduisent à la fois devant deux tribunaux : le grand-chantre le condamne à payer une amende ; le lieutenant de police ordonne la saisie ; on prit tout : les bancs, les tables, les livres, jusqu'à l'enseigne apposée devant la porte ; on dévalisa les classes ; la sentence fut affichée dans tous les carrefours de la capitale. Traqué de toutes parts comme un malfaiteur, le Bienheureux se réfugie sur la paroisse de Saint-Roch ; on l'y poursuit encore. Enfin le Parlement confirme les jugements des juridictions inférieures ; il interdit décidément « à M. de la Salle de tenir, lui ou ses Frères, aucune petite école dans toute l'étendue de Paris et de ses faubourgs, sans la permission formelle du grand-chantre de Notre-Dame ». Tout est donc perdu. Qu'il se dérobe ou qu'il se défende, il est frappé ; tous les tribunaux le condamnent ; des adversaires acharnés jusque-là se réconcilient contre lui ; il ne trouve pas un ami, pas un protecteur, pas un juge impartial et bienveillant, et ce Paris, à l'instruction duquel il s'est voué, se coalise pour le persécuter à cause du bien qu'il veut faire. Après quinze ans d'inutiles efforts, il est forcé de transporter à Rouen le siège de son Institut.

Est-ce à dire, mes Frères, que tant de traverses n'aient abouti qu'au néant ? Non, Dieu bénit toujours la persécution subie pour sa gloire et les bonnes œuvres fructifient dans la souffrance, pareilles à la moisson qui germe et s'épanouit sur le grain de blé enseveli dans la terre comme dans une tombe. Oublions un instant le bien opéré pendant ces quinze années de combats, ces écoles tour à tour fermées et ouvertes, des milliers d'enfants instruits et catéchisés en dépit de toutes ces épreuves ; à qui en définitive est restée la victoire ? Au persécuté. L'année même où le Parlement lui refuse le droit d'enseigner, il rappelle, sur la demande des curés de Paris, ses Frères qu'il a renvoyés en province, et pendant huit ans, ces généreux exilés reprendront sans trouble le cours de leurs travaux.

Tournons maintenant nos regards vers la France : le spectacle qu'elle nous présente nous consolera des misérables chicanes qu'il nous a fallu contempler. « Chaque coup porté au cœur du Bienheureux, a dit un de ses historiens, fut la blessure que le fer ouvre dans le sein de la terre avant qu'on y dépose le grain qui plus tard sera sa richesse. On pourrait compter le nombre de ses fondations par le nombre de ses douleurs. » Ces chiffres et ces dates, mes Frères, sont éloquents. En 1699, pendant que les maîtres laïques lui intentent un procès perdu d'avance, il s'établit à Chartres, et l'année suivante à Calais. En 1702 et 1703, pendant qu'on le dépose,

Troyes et Avignon l'appellent. En 1704 et 1705, au plus fort de la persécution, il fonde des écoles à Marseille et transporte la maison-mère à Rouen, où elle se développe à l'abri de la tempête. En 1706, pendant que le Parlement le condamne sans appel, il envoie ses Frères à Mende et à Grenoble. Enfin, pendant qu'on l'accuse de condescendance pour l'hérésie janséniste, il charge le plus sûr et le plus ancien de ses disciples, l'admirable Frère Drolin, d'aller à Rome; là, pendant plus d'un quart de siècle, le Saint-Siège et les Romains émerveillés verront comment les Fils de M. de la Salle se dévouent à l'éducation des pauvres. Cependant Versailles et Saint-Denis, Darnetal, Boulogne et Saint-Omer, Dijon, Dôle et Moulins, Les Vans, Die et Alais, d'autres villes encore, appellent, attendent et accueillent avec enthousiasme les ouvriers de la Providence. Ils sont partout, au Nord, au Centre, et au Midi ; les populations les bénissent ; les villes font des ovations à leur Père : les évêques le reçoivent comme un saint ; il parcourt la Provence en triomphateur ; il y est acclamé comme un bienfaiteur de l'humanité; l'heure de la gloire a sonné pour lui... Que dis-je, mes Frères? C'est toujours l'heure de la souffrance pour le Bienheureux. Il porte encore la couronne d'épines, et, tant qu'il vivra, il en sentira les sanglants aiguillons. Jamais il ne fut si cruellement éprouvé. De Marseille, où le noviciat qui florissait a péri, il est contraint de partir en fugitif; à Mende, ses propres enfants lui ferment la porte de sa maison ; il se cache dans les solitudes; à Grenoble il oublie un instant les hommes et il jouit de quelques jours de tranquillité. Tout à coup de terribles nouvelles arrivent de Paris, qu'il a quitté depuis deux ans, ruiné et déshonoré par la mauvaise foi de ses amis. Ses ennemis ont mis à profit son absence pour frapper un grand coup ; ils ont élaboré des constitutions nouvelles qui menacent de briser l'unité de son Institut ; ils ont méconnu l'autorité du Frère qu'il avait préposé à sa garde ; ils ont rayé le nom du Fondateur des registres de la communauté ; le noviciat se vide ; les Frères ne savent plus à qui obéir ; tout l'édifice est ébranlé et la ruine est imminente. Alors il accourt pour livrer un dernier combat et remporter une dernière victoire. Mais ce suprême effort a brisé ses forces ; il se retire à Rouen, abdique sa charge et se prépare à mourir.

Un jour plusieurs personnages de haute vertu, réunis à Saint-Yon, le félicitaient de l'indomptable énergie qu'il avait déployée au milieu des innombrables difficultés que j'ai essayé de raconter. « Pour moi, leur répondit-il avec sa simplicité habituelle, je vous dirai que si Dieu, en me montrant le bien que pouvait procurer cet Institut, m'eût aussi découvert les peines et les croix qui devaient l'accompagner, le courage m'eût manqué, et je n'aurais osé le toucher du bout des doigts, loin de m'en charger. En butte à la contradiction, je me suis vu persécuté de plusieurs prélats, même de ceux dont j'espérais du secours. Mes propres enfants, ceux-là même que j'avais engendrés en Jésus-Christ, que j'avais chéris avec le plus de tendresse, que j'avais cultivés avec le plus de soin et dont j'attendais enfin les plus grands services, se sont élevés contre moi et ont ajouté aux croix du dehors celles du dedans, qui sont les plus sensibles. En un mot, si Dieu n'avait pas mis la main pour appuyer cet édifice d'une manière visible, il y a longtemps qu'il serait enseveli sous ses ruines. Les magistrats se sont unis à nos ennemis en appuyant de leur autorité les efforts de ceux-ci pour nous renverser. Comme notre fonction offense les maîtres d'école, nous trouvons en chacun d'eux un adversaire déclaré et irréconciliable, et tous, réunis en corps, ont souvent armé les puissances du siècle pour nous détruire. Cependant, malgré tous leurs efforts, l'édifice s'est soutenu, quoique si souvent sur le penchant de la ruine. C'est ce qui me fait espérer qu'il subsistera et que, triomphant enfin des persécutions, il rendra à l'Église les services qu'elle a droit d'en attendre. »

Méditez, mes Frères, ces belles paroles de votre Père : elles résument avec une admirable humilité son héroïsme et nul discours n'est plus propre à soutenir votre courage parmi les tristesses de l'heure présente. Vous êtes persécutés? Ah ! du moins le Bienheureux de la Salle a bu le plus amer du calice qu'il vous a laissé ; vous n'êtes poursuivis aujourd'hui que par les ennemis de l'Église. Quelle fierté et quelle consolation n'éprouvez-vous pas à vous dire que votre cause est la cause même de Dieu et que ceux-là seuls vous persécutent qui veulent arracher l'enfance à Jésus-Christ ! Vous êtes effrayés ? Pensez qu'aujourd'hui comme il y a deux siècles c'est Dieu qui soutient de sa main puissante l'édifice élevé par votre Père. On put croire il y a quelques années qu'il avait reçu dans notre pays un de ces coups dont on ne se relève pas ; mais nos laïcisateurs se sont attaqués à un roc inébranlable ; ils ont pu vous mettre hors la loi ; ils n'ont pu vous enlever le respect et l'admiration de la France chrétienne. Vous êtes découragés par la grandeur et la difficulté croissante de votre tâche ? Aimez les petits, les pauvres, les ignorants, comme votre Père les a aimés, et le dévoûment vous sera facile. Sa vie vous apprend que pour moissonner dans la joie, il faut semer dans les larmes, et que qui sait tout souffrir peut tout oser. Mais à quelle source puiserez-vous cette énergie et cette audace chrétienne ? C'est la leçon qu'il nous reste à lui demander.

III

Un des personnages les plus saints du XVIIe siècle, écrivant à M. Olier sur la nécessité de porter remède à l'ignorance des classes pauvres, finissait sa lettre par ces mots : « Je crois qu'un prêtre qui aurait la science des saints, se ferait maître d'école et par là se ferait canoniser. » Le Bienheureux de la Salle a réalisé la double prophétie de M. Bourdoise.

Il existe un portrait de votre Père tracé par un de ses contemporains et dont nulle plume n'a surpassé l'exactitude et la simplicité. « Sa vie, dit le chanoine Blain, est l'Évangile réduit en pratique. Faire pénitence, se mortifier, s'humilier, crucifier sa chair, prier, converser avec Dieu, ne paraître parmi les hommes que pour travailler à leur salut ou pour recueillir leurs mépris, prendre pour objet de son zèle les plus pauvres et les plus abandonnés, souffrir tout, céder à tous, ne se plaindre jamais, ne se croire jamais offensé, se donner toujours le tort, être le premier à se condamner, bénir Dieu, en toutes choses prendre sa volonté pour unique règle de la sienne, aimer ses amis en lui et ses ennemis pour lui, ne voir et ne vouloir que Dieu en toutes choses, ne s'intéresser qu'à sa gloire, oublier le reste, n'avoir d'aversion que pour le monde, de haine que pour le péché, de crainte que celle de déplaire à la souveraine Majesté, de désir que d'imiter Jésus-Christ, d'attrait que pour les croix et d'amour que pour Dieu seul, n'est-ce pas le précis de l'Évangile et celui de la vie du Bienheureux de la Salle? Le serviteur de Dieu paraissait un homme mort à tout ; un homme en qui la nature n'osait plus se montrer ni rien demander ; un homme d'une vie toute surnaturelle, céleste, divine, qui pensait, qui parlait, comme s'il eût été d'une nature supérieure ; un homme dont la vertu était devenue l'élément ; Dieu, la vie ; Jésus-Christ, l'âme et le centre. Dans la prière, on eût dit un ange ; à l'autel, un séraphin ; dans la conduite, un homme apostolique ; dans les tribulations, un autre Job ; dans la pauvreté, un nouveau Tobie ; dans l'abandon à la Providence, un François d'Assise ; dans les rigueurs de la pénitence, un second abbé de Rancé ; dans l'exercice de toutes les autres vertus, un parfait disciple de Jésus-Christ ; voilà, dit son biographe, le vénérable de la Salle représenté au naturel : on le reconnaît à ce portrait. »

L'Église l'a si bien reconnu qu'elle l'a placé sur ses autels ; il y est monté porté par l'amour de ses enfants, par la vénération des peuples, par l'éclat des miracles et par l'autorité du Souverain-Pontife. Aux applaudissements du monde chrétien, nous avons vu trancher la question que se posait un grand philosophe au commencement de ce siècle : « J'ignore, disait M. de Bonald, si Jean-Baptiste de la Salle est un saint aux yeux de la religion ; mais il est un héros aux yeux de la politique ; son Institut est un chef-d'œuvre de sagesse. » Faisons donc trêve aux louanges humaines et contemplons dans cet homme extraordinaire, non plus les pensées du génie ni l'indomptable héroïsme du dévoûment, mais la sainteté qui seule les explique.

La grâce le prévint dès sa naissance. Noble, riche, considérée, sa famille était par-dessus tout chrétienne ; sur sept enfants, elle en donna joyeusement quatre à Dieu. Jean-Baptiste, l'aîné, les surpasse tous en douceur et en piété. Les joies bruyantes de son âge n'ont pas d'attrait pour lui : aller à l'église, construire de petits oratoires, imiter les cérémonies saintes, servir la messe, apprendre et répéter les chants sacrés, réciter l'office avec son grand-père, voilà ses amusements et ses plaisirs. Il s'ennuie dans les réunions mondaines : pendant que les siens sont en fête, il emmène à l'écart sa grand'-mère et se fait lire la *Vie des Saints*. A l'Université de Reims, il est par sa docilité le modèle des écoliers ; ses maîtres le chérissent, ses condisciples le vénèrent. A onze ans, il entend le premier appel de Dieu, et il entre dans la cléricature. Si les honneurs viennent au-devant de lui, ne craignez pas qu'il s'oublie dans le luxe et la mollesse. Le vénérable archidiacre qui lui a légué son canonicat a éprouvé la solidité de sa vertu, et le jeune chanoine, docile à la recommandation de Pierre Dozet, vit comme un chartreux ; il partage son temps entre la prière, les exercices de la pénitence et l'étude. A dix-huit ans, il a conquis brillamment le grade de maître-ès-arts. Il va poursuivre son éducation sacerdotale sous la direction des fils de M. Olier ; là, au témoignage de ses nouveaux maîtres, il est fidèle observateur de la règle et exact aux exercices de la communauté, simples mots qui, dans la langue de Saint-Sulpice, valent mieux qu'un long panégyrique. Bientôt la mort de ses parents le ramène à la maison paternelle, où il achève de se préparer au sacerdoce en surveillant l'éducation de ses frères. Enfin, à vingt-sept ans, il monte à l'autel, versé déjà dans la science des saints et consommé dans la vertu.

Telles furent l'enfance et la jeunesse du Bienheureux. Après un tel noviciat quelle sera sa vie et jusqu'où ne s'élèvera pas une âme si abandonnée à la grâce? Quarante années de luttes courageusement soutenues, des épreuves ininterrompues et naissant les unes des autres traversées le cœur brisé peut-être, mais le front serein, des croix de toutes sortes endurées avec la patience d'un martyr, c'est le spectacle que nous avons contemplé avec ravissement. Mais ce n'est là, pour ainsi dire, que l'aspect extérieur de sa vertu ; il faut pénétrer jusqu'à son âme, et demander à sa résignation, à sa mortification, à son esprit de prière et à son humilité le secret de tant d'héroïsme.

Il nous l'a révélé lui-même, mes Frères, par la dernière parole qu'il prononça. « J'adore en toutes choses la conduite de Dieu à mon égard, » murmura-t-il d'une voix mourante, mot sublime qui fut son testament, parce qu'il avait toujours été sa devise. Il fut l'esclave de la volonté divine. Dieu veut qu'il se consacre à son service : il obéit, oubliant que le crédit de sa famille et son droit d'ainesse lui assurent un rang distingué dans le monde, une carrière enviée dans la magistrature, à la fois la noblesse, l'indépendance et la fortune, tout ce qui fait le charme et l'honneur de la vie. Dieu veut « qu'il suspende la poursuite d'une vocation qui lui est chère » ; il obéit, quitte le séminaire de Saint-Sulpice, « ce paradis de sa jeunesse », et se livre tout entier au tracas des affaires que lui suscitent la gestion d'un lourd patrimoine et l'éducation de jeunes orphelins. Dieu l'engage, à son insu, dans la conduite des maîtres d'école ; il renonce à la vie tranquille et studieuse du canonicat pour se consacrer à un apostolat auquel il n'a jamais pensé. Dieu lui découvre peu à peu qu'il doit vivre avec les instituteurs des pauvres et devenir le chef d'une grande famille spirituelle ; il obéit, et cette pensée, qui lui est d'abord insupportable devient l'unique affaire de sa vie. Dieu l'invite, pour la réaliser, à un renoncement absolu : honneurs, fortune, réputation, affections de famille, goûts personnels, il immole tout. Dieu sème sur ses pas un nombre incalculable d'obstacles ; il brave tout. Dieu l'abreuve de toutes les misères ; la famine, la maladie, la trahison, le déshonneur, l'exil, il accepte tout et bénit amoureusement la main qui le frappe, lui et ses enfants. Dieu mêle parfois la joie à la douleur ; il adore toujours la conduite de la Providence ; il subit le succès et la gloire avec la même résignation qu'il a subi l'insuccès et la honte. Et d'un bout à l'autre de cette existence torturée, j'entends l'écho de la parole de Jésus-Christ agonisant sous les oliviers de Gethsémani : « Mon Père, ce calice est bien amer ; mais que votre volonté soit faite ! »

Une âme qui en est arrivée là, mes Frères, n'a plus rien de terrestre ; son union à Dieu la transfigure. Elle tient à peine au corps qui l'enferme, et, pour que ce corps ne reprenne plus l'empire qu'elle lui a ravi, elle lui déclare une guerre impitoyable ; elle le crucifie. C'est la loi de la sainteté ; le Bienheureux l'a si parfaitement suivie que le détail de ses austérités scandalise les âmes faibles, si même il n'effraie pas notre délicatesse. Parlerai-je de ce court sommeil qu'il prend tantôt sur une dure couche, tantôt sur une chaise, souvent sur la terre nue, de ces haires, de ces cilices, de ces ceintures aux pointes acérées qui sont l'armure habituelle de ce héros de la pénitence, de ces cruelles disciplines qui meurtrissent sa chair, de ce sang à la trace duquel on peut le suivre partout ; de ces aliments grossiers dont il ne sent même plus la fadeur, tant le goût est mort en lui ; de ces jeûnes prolongés, jamais interrompus, même dans ses longs voyages, qu'il fait toujours à pied ; de ces habits si misérables que des voleurs n'en veulent pas ; de cette cellule sans feu, sous le toit, exposée aux vents, à la neige, à la pluie ; de tous ces pieux excès « dans lesquels le jette son ivresse spirituelle », et qui faisaient dire à un de ses parents : « A la mort, il sera obligé, aussi bien que Saint François, de demander pardon à sa chair de tout le mal qu'il lui a fait pendant la vie ? » Voilà comment il pratiquait la divine folie de la croix. Je ne m'étonne plus qu'il la communique à ses fils. Quels sacrifices de pareils exemples devaient arracher à leur généreuse émulation ! Si quelquefois ils cachent, par pitié, ses instruments de torture, le plus souvent ils imitent ses austérités. Ils rougiraient d'être mieux traités que lui, et, quand on parcourt l'histoire de vos origines, on ne sait si l'abbé de Rancé a mieux remis en honneur chez ses religieux les mortifications des anciens Trappistes que le Bienheureux de la Salle ne les a établies dans sa jeune famille. Plus d'un y succombait et il disait en les voyant mourir : « Ils s'en vont au paradis, le pays natal des Frères. »

Du reste n'y sont-ils pas déjà par la vie de prière continuelle à laquelle il les forme ? On pouvait craindre qu'en quittant le chapitre de Reims, où il était si heureux de consacrer les meilleures heures de ses journées à prier Dieu, il ne fût distrait de l'oraison par les pressantes affaires qui désormais se disputeraient sa vie. Des conseils quotidiens à donner, des confessions fréquentes à entendre, souvent la classe à faire, des visites à rendre et à recevoir, des procès à suivre, des mémoires à rédiger, des traités à écrire pour la formation des maîtres et l'instruction des élèves, une vaste correspondance à entretenir avec vingt communautés, des voyages à faire par toute la France, il eût fallu dix Supérieurs pour suffire à tout. Où trouvera-t-il le temps de s'entretenir avec Dieu ? C'est le secret des saints, mes Frères ; jamais ils ne prient mieux ni plus longtemps qu'au milieu des occupations qui semblent les absorber. Ils se recueillent là où les âmes vulgaires se dissipent. Si le jour ne se prête pas à la prière, ils ont la nuit. Avec quelle ardeur le Bienheureux prolonge ses pieuses veilles ! Il y oublie les fatigues et les contradictions de la journée, et le lendemain on le voit sortir de son oraison, le front radieux, prêt à marcher encore au martyre. Il y prélude par la célébration des saints mystères ; le spectacle de sa Messe est inoubliable ; l'amour divin qu'il boit à longs traits le met hors de lui ; ceux qui le voient descendre de l'autel le comparent à Moïse descendant du Sinaï ; ils nous disent « qu'il est obligé de s'asseoir quelquefois pendant un quart d'heure, avant de pouvoir répondre aux questions qu'on lui pose et quitter les vêtements sacerdotaux ». Le reste du jour, il ne peut, quoi qu'il fasse, « se désoccuper de Dieu ». Il a pour la Sainte-Vierge un culte particulier ; il ne craint pas de reprendre vivement un prêtre janséniste qui affecte en prêchant de ne point parler d'elle ; pour lui, il en parle avec l'amour d'un fils pour sa mère ; il lui offre les règles qu'il a rédigées ; on le voit traverser les corridors et passer dans les rues le chapelet à la main. Il veut que Saint Joseph soit le patron de son Institut. A Reims il passait une nuit chaque semaine au tombeau de saint Remy ; près de Rouen, il a trouvé un désert où il s'enfonce pour rencontrer Dieu dans la retraite. Quand la persécution le force à se cacher dans le midi de la France, il oublie les hommes dans la solitude de la Grande-Chartreuse ou dans l'ermitage de Parménie. Là ce nouveau Jean-Baptiste se livre tout entier aux exercices de la pénitence et de la prière ; là il médite les grands desseins de Dieu sur lui et il comprend que l'injustice de ses ennemis concourt à les réaliser ; là il traite avec le ciel les intérêts de sa famille persécutée, et quand il reparaît, tous les obstacles tombent devant cet homme armé de la force de Dieu.

Il n'était en effet entre ses mains qu'un intrument, mais si aveugle et si souple que sa confiance en Dieu n'avait d'égale que son humilité : dernier trait, mes Frères, qui achève sa beauté morale. Laissons le monde se scandaliser ou sourire de voir ce docteur en théologie, qui pourrait enseigner avec éclat dans les chaires des Universités, bégayer l'*A B C* avec des ignorants. Pendant que les Bossuet et les Fénelon abaissent leur génie peut-être, mais ne perdent rien de leur gloire à élever les fils des rois, qui n'admirerait ce gentilhomme qui s'est fait du peuple pour apprendre à lire à ses enfants ? Mais le choix de cet humble métier n'est rien, comparé à l'humilité avec laquelle il s'y consacre. Il double le prix de ses sacrifices en attendant, pour les consommer, l'ordre de son Directeur. Pour tracer les règles de son Institut, il consulte humblement ses Frères, oubliant la supériorité que lui donnent la naissance, le talent, l'expérience, l'autorité, le sacerdoce et la vertu. Non seulement il supporte sans se plaindre les injures qu'on lui prodigue, mais il en savoure à plaisir l'amertume et l'injustice. On l'a ignominieusement déposé : il est au comble de la joie. Ses enfants le rebutent et lui refusent un morceau de pain ; il s'éloigne, et n'impute qu'à lui seul les persécutions qui les ont aigris. Il ne souffre que des marques de respect qu'on lui donne ; il préfère les huées du peuple à ses acclamations ; il voudrait se dérober aux honneurs qu'il reçoit de la part des évêques, mais, s'il est contraint de s'asseoir à leur table et de paraître en leur compagnie, son maintien est si modeste, ses vêtements si pauvres, sa conversation si mortifiée, qu'au milieu des princes de l'Église c'est toujours son humilité qui triomphe. Enfin l'heure arrive qu'il a appelée de tous ses vœux ; il s'est démis du gouvernement. Désormais il ne sera plus que le dernier de l'Institut. « Gardez-vous bien de vous adresser à moi, répète-t-il à ses enfants que le respect et l'amour amènent toujours à ses pieds ; je ne veux plus me mêler de rien que de penser à la mort et de pleurer mes péchés. »

Si belle que soit la vie des saints, mes Frères, leur mort est plus belle, car la grâce, après avoir opéré en eux des merveilles de sainteté, se surpasse elle-même à ce dernier moment ; jamais ils ne sont plus grands, je veux dire plus humbles, ni plus mortifiés, ni plus enflammés de l'amour de Dieu. Tel fut le Bienheureux de la Salle à sa dernière heure. Il en a pressenti l'approche. La maladie qui deux fois déjà l'a mis aux portes du tombeau, des infirmités contractées dans des privations continuelles, la soif de l'éternel repos après tant de combats, tout lui annonce que le grand jour se lève. Il s'y est préparé par des austérités nouvelles, il loge dans la plus pauvre chambre de la communauté, dans une salle basse, tout près de l'écurie ; il a commencé, malgré sa faiblesse, les jeûnes de son dernier carême ; il ne parle plus que de mourir. « La victime est sur le point d'être immolée, dit-il, il faut achever de la purifier. » Ce fut une humiliation suprême qui remplit cet office. Une sentence d'interdiction partielle, arrachée à l'autorité épiscopale par une jalousie tracassière, frappa sa chère maison de Saint-Yon, le flétrit lui-même, mais le trouva joyeux et résigné. « C'est bien, dit-il, je mourrai comme Jésus-Christ, sur la croix. » Cependant, la veille de la fête de

Saint Joseph, Dieu suspend le cours de la maladie ; le Bienheureux a retrouvé ses forces, ses enfants s'écrient que Saint Joseph l'a guéri. Non, mes Frères, la santé ne lui a été prêtée que pour une heure ; il célèbre sa dernière messe, passe la journée à parler du ciel, et le soir même il retombe sur son lit pour ne plus se relever. A cette nouvelle, le curé de Saint-Sever accourt auprès du moribond, et, ne comprenant rien à son auguste sérénité, il l'avertit rudement qu'il va bientôt paraître devant Dieu. « Je le sais, répond doucement le malade, et je suis soumis à ses ordres. Mon sort est entre ses mains. Que sa volonté soit faite. » Le mal s'aggrave ; il demande le saint Viatique, qu'il appelle « son passeport ». Il veut que sa pauvre cellule soit parée pour l'arrivée de son divin ami ; il prépare son âme à sa visite par une nuit d'angéliques entretiens ; il revêt l'étole et le surplis et, au son de la cloche qui annonce l'arrivée du prêtre, n'y pouvant tenir, il quitte sa couche, se précipite à genoux et il embrasse son Dieu. Le lendemain, il reçoit l'Extrême-Onction. Ses enfants se pressent autour de son lit, avides de recueillir ses derniers conseils. Écoutez, mes Frères, ce testament sublime. Il sort de l'extase de son action de grâces pour leur recommander « une entière soumission à l'Église et au Souverain-Pontife, une grande dévotion envers Notre-Seigneur, la pratique de la communion et l'exercice de l'oraison, un culte filial pour la Sainte-Vierge et Saint Joseph, le zèle et le désintéressement, la charité et l'obéissance », toutes les vertus qu'il leur avait prêchées pendant quarante ans et dont il avait été le parfait modèle. Sa voix s'affaiblissant peu à peu, ils s'agenouillent pour qu'il les bénisse ; son humilité résiste d'abord, mais bientôt l'amour paternel l'emporte, il étend les mains et supplie Dieu de les bénir lui-même. L'agonie commence. Le Frère Supérieur qui veille à son chevet se penche vers lui et lui demande s'il accepte avec joie toutes ses peines. « Oui, répond le mourant, et j'adore en toutes choses la conduite de Dieu à mon égard. » Quelque temps après, il joint les mains, lève les yeux au ciel, se soulève comme pour s'en aller, et il expire. C'était le 7 avril 1719, le jour du Vendredi-Saint. Le Bienheureux fêtait la mort de Jésus-Christ en montant au ciel.

Achevons ici ce discours. Le poursuivre serait entreprendre l'histoire de deux siècles de luttes et de victoires nouvelles ; mais comment tracer en quelques lignes la magnifique expansion que l'œuvre du Bienheureux de la Salle a prise depuis sa mort ? Une simple statistique sera plus éloquente que tous les tableaux oratoires. En 1887, lorsqu'elle fut dressée à l'occasion de la Béatification de votre Père, on apprit avec admiration qu'il n'est presque aucun pays dans le monde où vous soyez des étrangers. Vous comptiez 1,082 maisons en Europe, 18 en Asie, 29 en Afrique, 118 en Amérique ; vous étiez plus de 11,000 Frères et de 5,000 Novices, et vous instruisiez plus de 300,000 élèves. La France, votre berceau, restait votre patrie de prédilection ; dans vos 970 communautés, on voyait 9,000 maîtres élever 200,000 enfants. Ces chiffres ont encore grandi ; à l'heure où je parle, vous êtes plus de 13,000 Frères et près de 4,000 Novices, et dans vos 7,252 classes, vous réunissez près de 315,000 écoliers. Le véritable panégyrique du Bienheureux de la Salle, le voilà, mes Frères ; c'est Dieu lui-même qui l'écrit en bénissant si merveilleusement son Institut.

Les hommes ont voulu, eux aussi, l'honorer, chacun à leur manière. Ceux-ci le persécutent dans sa postérité : on dirait qu'ils ne savent pas qu'elle a toujours grandi dans l'épreuve, comme le chêne dont l'orage multiplie la vigueur. Ceux-là lui dressent des statues ; là-bas, auprès de Corneille, de Napoléon et de Jeanne d'Arc, l'Apôtre des petits enfants voit gravée à ses pieds dans l'airain l'expression de la reconnaissance nationale. L'Église, mes Frères, lui a décerné naguère un plus beau triomphe ; elle a couronné tous les honneurs et flétri tous les mépris qu'il a reçus en lui dressant des autels. Commencé à Rome, son éloge a fait le tour du monde et les langues de tous les peuples l'ont célébré. Enfin ses enfants perpétuent sa gloire en perpétuant ses bienfaits : il revit dans sa famille, dans le chef Très Honoré qui la gouverne, et à qui je souhaite en finissant sinon autant de croix, du moins autant de bénédictions qu'à lui. Il vous appartient, mes Frères, de réaliser ce vœu en reproduisant quelques traits de la sainte figure de votre Fondateur.

Il y a quelques années, mes Frères, un des écrivains les plus distingués de notre pays, penseur puissant, esprit systématique, chercheur sincère de la vérité, mais trop étranger aux idées chrétiennes, se posa, au cours de ses études, la question suivante : « D'où viennent à l'Église catholique la merveilleuse activité et le zèle incomparable qu'elle déploie pour l'éducation du peuple ? » Pour la résoudre, il vint frapper à votre porte ; il interrogea vos supérieurs ; il étudia vos constitutions ; il consulta vos méthodes ; il chercha le secret de votre puissance et de votre dévoûment. Je ne sais s'il le trouva, et, si, l'ayant trouvé, il le comprit. Il faut un œil chrétien pour le découvrir, car c'est le tabernacle de votre chapelle qui le renferme. Non, mes Frères, vous n'en avez point d'autre. C'est en vain que vous seriez savants, expérimentés, passionnés pour l'étude, animés d'un vif amour pour votre pays ; si vous n'aimiez Jésus-Christ, votre rude tâche viendrait bientôt à bout de vos forces. Mais le maître qui contemple Jésus-Christ tel que le peint l'Évangile, caressant et bénissant les enfants ; le maître qui l'écoute prononcer ces mots sublimes : « Laissez venir à moi les petits ; » le maître qui s'agenouille souvent à l'autel et qui presse sur son cœur le Dieu venu sur la terre pour évangéliser les pauvres ; le maître qui commence par se mettre à l'école de Jésus-Christ ; ce maître-là est capable de tous les héroïsmes ; pour éclairer son esprit, échauffer son cœur et nourrir son courage, il a le secret de la sainteté, qui est l'amour de Dieu. Gardez-le, mes Frères. Gardez-le pour votre sanctification personnelle. Gardez-le pour le bien des enfants qui vous appellent et dont vous serez les sauveurs. Gardez-le pour l'amour de la France, à qui vous préparerez dans l'école chrétienne des fils éclairés, laborieux et vaillants. Gardez-le pour l'honneur de l'Église, dont vous êtes les meilleurs apôtres auprès du peuple. Gardez-le pour la gloire de votre Père, qui vous l'a laissé. Du haut du ciel, il vous bénit et il prépare à chacun de vous la couronne étincelante promise par l'Esprit-Saint à ceux qui auront conduit les foules dans les voies de la justice et de la vérité. *Qui ad justitiam erudiunt multos, fulgebunt quasi stellæ in perpetuas æternitates. Amen.*

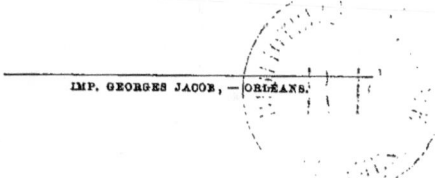

IMP. GEORGES JACOB, — ORLÉANS.

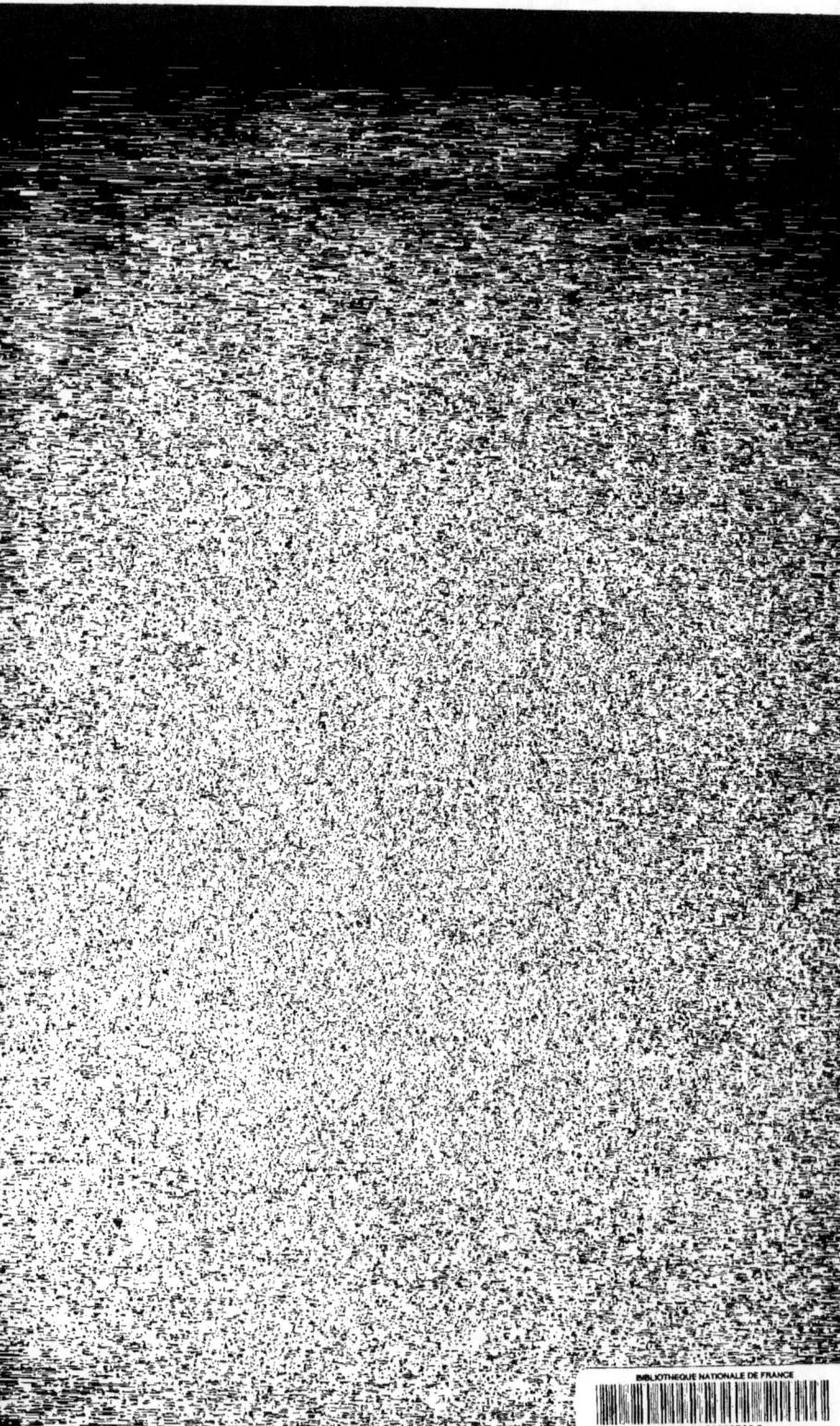

www.ingramcontent.com/pod-product-compliance
Lightning Source LLC
LaVergne TN
LVHW020047090426
835510LV00040B/1447